Woven Stars sind ein immer wiederkehrender Sterne-Trend aus Skandinavien, wobei man eigentlich nicht wirklich von einem Trend reden darf, sondern eher von einem Klassiker. Dieser Klassiker erscheint immer wieder in einem neuen Gewand, indem man für die Gestaltung edle Effektpapiere, tolle Farben und unterschiedlichste Flechtarten verwendet. Durch das Spielen mit unterschiedlich breiten Papierstreifen können die Sterne filigran und zart wirken. In diesem Buch finden Sie eine Vielfalt an ausgefallenen Woven Stars, von einfachen bis hin zu aufwendigeren Modellen.

Verzaubern Sie die Adventszeit und Ihr Zuhause mit tollen, selbstgebastelten Woven Stars.

Durch ihre Dreidimensionalität lassen sie sich hervorragend in den Raum, aber auch an das Fenster hängen und erfreuen somit auch die Menschen hinter dem Fenster.

Dank einfacher Anleitungen und vielen Schritt-Fotos ist das Nacharbeiten kinderleicht.

Viel Spaß beim Nachbasteln und vielleicht lassen Sie sich auch dazu inspirieren, eigene Flechtungen zu entwickeln.

Klassisches Modell

in edlem Gold

MOTIVDURCHMESSER
ø 26 cm

MATERIAL

- Glitter-Karton 180 g/m² in Gold, A4
- Kraftkarton 270 g/m² mit goldenen Sternen, A4
- Kordel in Gold/Natur, ø 2 mm, 50 cm
- Sprühkleber
- Alleskleber
- Schere
- Lineal
- Cutter und Schneideunterlage
- Bleistift
- Streifen:
  6x 29,7 cm x 1,5 cm aus Glitter-Karton
  6x 29,7 cm x 1,5 cm aus Kraftkarton

Mein Tipp für Sie

Ist das Kreuz mal nicht gleichmäßig gelungen, also sind die Papierende unterschiedlich lang, dann kann man nach der Flechtung die Enden aller Papierstreifen auf die gleiche Länge zurechtschneiden.

1 Jeweils 6 Papierstreifen á 29,7 cm x 1,5 cm aus dem Glitter-Karton und aus dem Kraftkarton zuschneiden, siehe Grundanleitung. Aus diesen insgesamt 12 Streifen bastelt man nun zwei Sternmodule. Jedes Modul besteht aus 6 gemusterten und 6 einfarbigen Papierstreifen.

2 Nun mit zwei Glitter-Papierstreifen ein rechtwinkliges Kreuz legen (ggf. Kreuz-Vorlage anfertigen, siehe „So wird's gemacht ..."). Den waagerechten Streifen auf die Mitte des senkrechten kleben.

3 Danach rechts und links von dem senkrechten Streifen jeweils einen Kraftapier-Streifen kleben.

4 Nun hat man die Grundlage, um die letzten zwei gemusterten Papierstreifen zu verweben und zu verkleben. Diese werden waagerecht unten und oben ausgehend von dem waagerechten Streifen des Kreuzes verwebt und festgeklebt. Der gemusterte Streifen geht unter dem senkrechten goldenen Streifen her und wird auf den beiden senkrechten Kraftpapierstreifen festgeklebt.

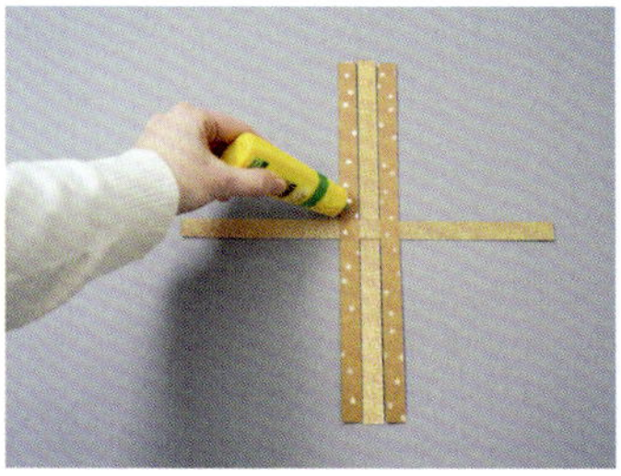

5 Wenn der Kleber getrocknet ist, klebt man nach und nach vier Sternspitzen zusammen. Dafür werden nur die äußeren Papierstreifen benötigt, das goldene Kreuz in der Mitte bleibt unberührt.
Man nimmt das linke waagerechte und linke senkrechte Streifenende und wölbt sie nach hinten, sodass am oberen Teil der Spitze die Rückseite der Papierstreifen sichtbar wird. Die Enden werden bündig miteinander verklebt und mit einer Klammer zum Trocknen versehen. So nun mit den weiteren drei Spitzen vorgehen.

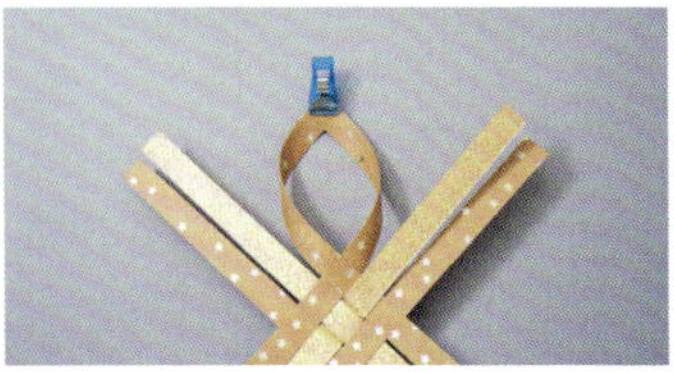

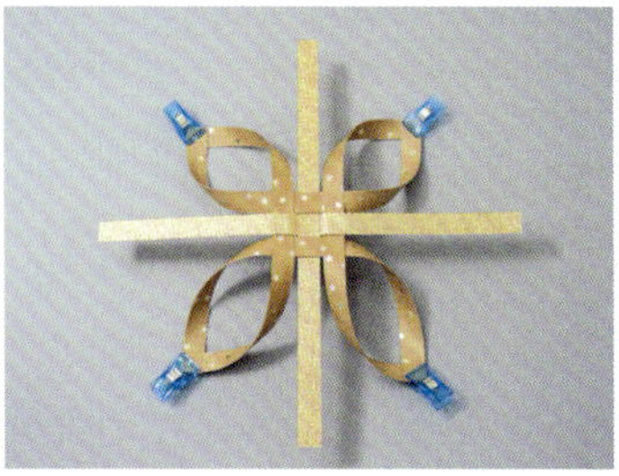

6 Für das zweite Sternmodul wiederholt man die Schritte 2 bis 5, allerdings mit umgekehrter Streifenaufteilung.

7 Nun legt man ein Modul auf den Rücken (Flechtseite), das andere Modul auf die Sternspitzen (Flechtseite nach oben). Das Modul, dessen Flechtseite nach oben zeigt, wird diagonal auf das liegende Modul gelegt, sodass acht Sternspitzen entstehen. Die insgesamt acht überstehenden Papierstreifen werden durch die Sternspitzen gezogen (jeweils vier auf der Vorder- und Rückseite) und von innen mit den Sternspitzen verklebt.

8 Zum Schluss noch, wenn der Kleber getrocknet ist, die überstehenden Streifenenden mit einer Schere abschneiden.

Stern mit geflochtenen Spitzen

in Naturfarben

MOTIVDURCHMESSER
ø 24,5 cm

MATERIAL

- Leinenstruktur-Karton 216 g/m² in Creme, 30,5 cm x 30,5 cm
  Leinenstruktur-Karton 216 g/m² in Hellbraun, 30,5 cm x 30,5 cm
  Leinenstruktur-Karton 216 g/m² in Dunkelbraun, 30,5 cm x 30,5 cm
- Natur-Band, ø 0,8 mm, 60 cm
- Alleskleber
- Schere
- Lineal
- Cutter und Schneideunterlage
- Bleistift
- Streifen:
  4x 30,5 cm x 0,5 cm in Dunkelbraun
  16x 30,5 cm x 0,5 cm in Hellbraun
  24x 30,5 cm x 0,5 cm in Creme

1 Wie in der Grundanleitung beschrieben, schneidet man jeweils 4 Papierstreifen á 30,5 cm x 0,5 cm aus dem braunen Karton, 16 Papierstreifen á 30,5 cm x 0,5 cm aus dem hellbraunen Karton und 24 Papierstreifen á 30,5 cm x 0,5 cm aus dem cremefarbenen Karton zu. Aus diesen insgesamt 44 Streifen bastelt man nun zwei Sternmodule.

2 Dann mit zwei braunen Papierstreifen ein rechtwinkliges Kreuz legen. Den waagerechten Streifen auf die Mitte des senkrechten Streifens kleben.

3 Man klebt rechts und links von dem senkrechten Streifen jeweils einen senkrechten hellbraunen Streifen.

Danach hinter dem waagerechten Streifen, rechts und links von den senkrechten Streifen, jeweils einen weiteren hellbraunen Streifen kleben.

Nun verwebt man die waagerechten hellbraunen Streifen, jeweils zwei über und unter dem dunkelbraunen waagerechten Streifen. An den Stellen, an denen sich die Streifen überkreuzen, sollten sie mit etwas Kleber fixiert werden.

4 Nach dem Trocknen des Klebers werden nun alle cremefarbenen Streifen verwebt. Man beginnt rechts und links mit den senkrechten Streifen, es werden jeweils drei Streifen verwebt.

Darauf folgen jeweils drei waagerechte Streifen.

Auch hier sollten die überkreuzenden Streifen miteinander verklebt werden.

5 Die ersten beiden cremefarbenen Streifenenden werden wie bei dem klassischen Modell zusammengeklebt. Danach werden abwechselnd die inneren Streifen bündig in die Sternspitze geklebt. Die Besonderheit ist allerdings, dass die insgesamt 8 cremefarbenen und hellbraunen Streifenenden auch in der Spitze miteinander verflochten werden.

Die ersten beiden Streifenenden werden übereinander geklebt.

Der nächste untere Streifen wird ebenfalls über den oberen bereits eingeklebten Streifen geklebt.

Danach wird das obere Streifenende oberhalb und unterhalb der zwei linken Streifenenden geflochten.

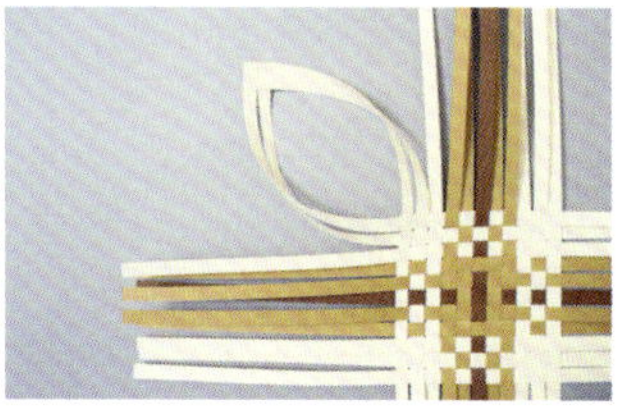

Nun den nächsten linken Streifen über und unter den rechten Streifen flechten.

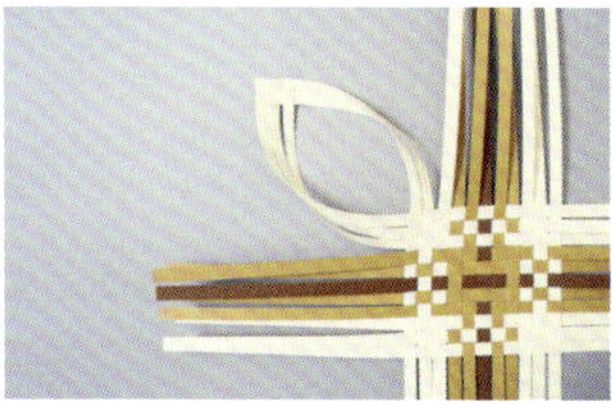

Zum Abschluss den letzten rechten Streifen über, unter und wieder über die linken Streifen weben.

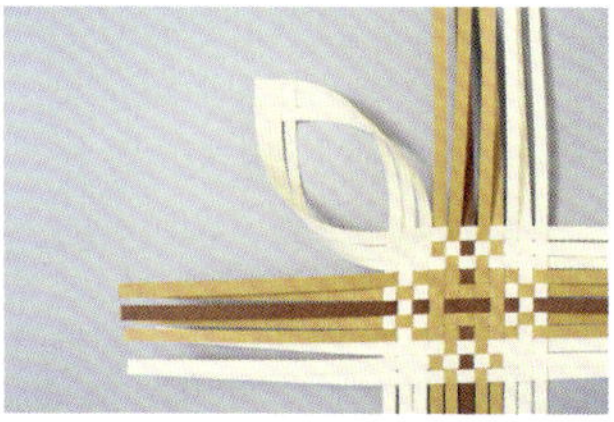

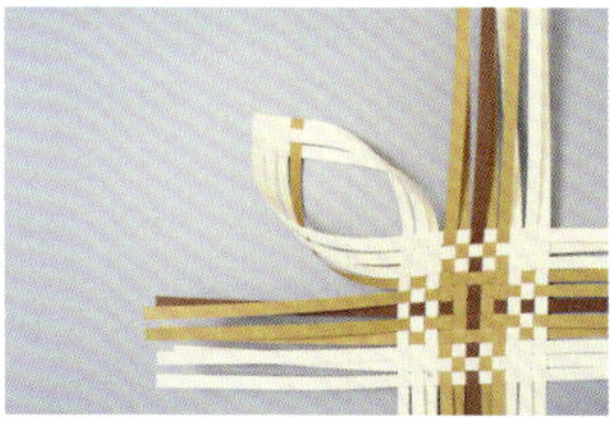

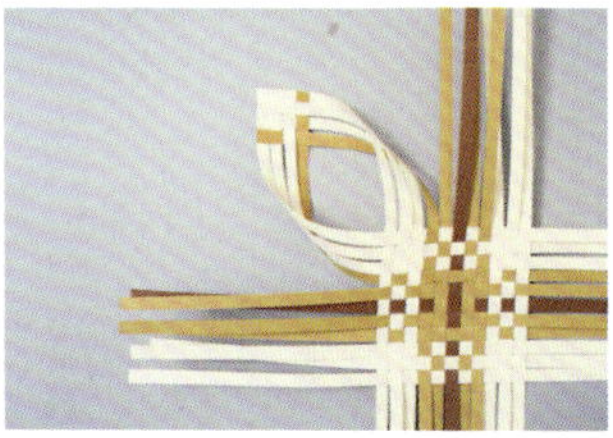

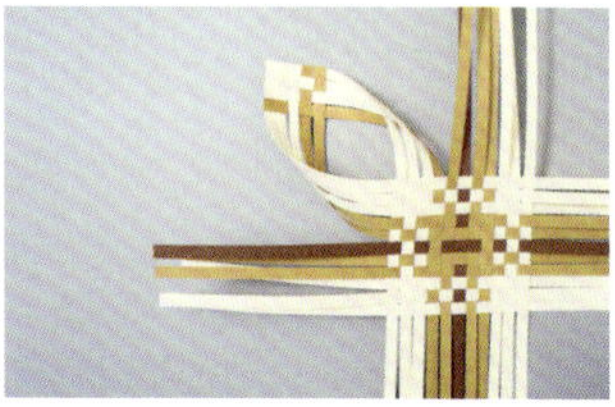

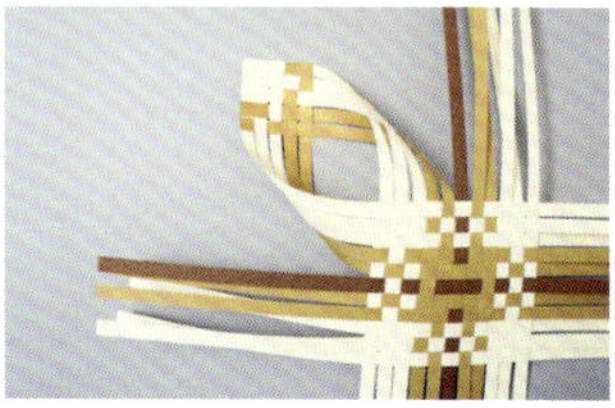

Sollten die Streifenenden mal ein wenig überstehen, kann man nach dem Trocknen die Spitzen zurechtschneiden.

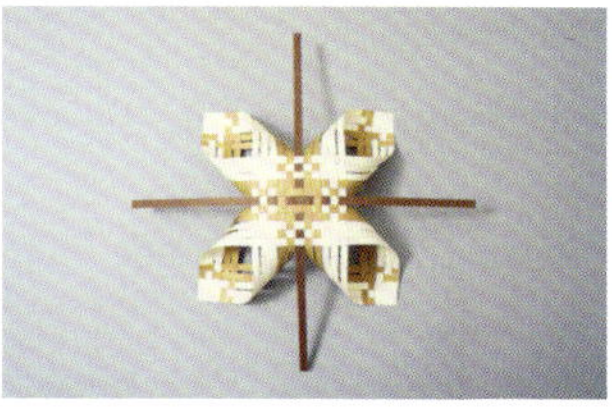

Für das zweite Sternmodul wiederholt man die Schritte 2 bis 5. Danach fügt man beide Module so wie bei dem klassischen Modell zusammen, verklebt die Papierstreifen mit den Sternspitzen und schneidet nach dem Trocknen des Klebers die überstehenden Enden ab.

Wald-Stern

in Holzoptik

MOTIVDURCHMESSER
ø 14,5 cm

MATERIAL

- Karton in Holzoptik 270 g/m² in Dunkel, A4
- Papier in Holzoptik 120 g/m² in Dunkel, A4
- Fotokarton 300 g/m² in Grün, A4
- Fotokarton 300 g/m² in Braun, A4
- Natur-Band, ø 0,8 mm, 70 cm
- Sprühkleber
- Alleskleber
- Schere
- Lineal
- Cutter und Schneideunterlage
- Bleistift
- Streifen:
  4x 15 cm x 1,5 cm, Holzoptik
  8x 15 cm x 0,5 cm, Fotokarton in Grün
  8x 15 cm x 0,5 cm, Fotokarton in Braun

1 Als erstes kaschiert man den 270 g/m² Holzoptik-Karton mit Hilfe des Sprühklebers mit dem 120 g/m² Holzoptik-Papier.

Wie in der Grundanleitung beschrieben, schneidet man jeweils 4 Papierstreifen á 15 cm x 1,5 cm aus dem Holzoptik-Karton, jeweils 8 Streifen á 15 cm x 0,5 cm aus dem braunen und grünem Fotokarton zu. Aus diesen insgesamt 20 Streifen bastelt man nun zwei Sternmodule.

Dann mit zwei breiten gemusterten Papierstreifen ein rechtwinkliges Kreuz legen (ggf. Kreuz-Vorlage anfertigen siehe Grundanleitung). Den waagerechten Streifen auf die Mitte des senkrechten kleben.

2 Danach rechts und links von dem senkrechten Streifen jeweils zwei einfarbige Papierstreifen kleben.

3 Nun hat man die Grundlage, um die nächsten zwei braunen Papierstreifen zu verweben und zu verkleben. Diese werden waagerecht unten und oben ausgehend von dem waagerechten Streifen des Kreuzes verwebt und festgeklebt.

4 Nach den braunen Streifen folgen die grünen Streifen, diese werden senkrecht über die braunen Streifen und unter die Holzoptik-Streifen gewebt. Danach folgen die waagerechten Streifen in umgekehrter Reihenfolge.

5 Nach dem Verweben der Streifen beginnt man mit dem Zusammenkleben der Sternspitzen. Dafür werden erst einmal nur die äußeren grünen Papierstreifen benötigt. Man beginnt mit dem linken waagerechten und rechten senkrechten Streifenende. Die Streifen werden wie bei dem klassischen Modell beschrieben zusammengeklebt.

Nach dem Trocknen kann man sich zur Hilfe im Inneren der Sternspitze rechts und links, ca. 1,5 cm von der Spitze ausgehend, eine kleine Markierung zeichnen. Auf diese Markierung klebt man nun nacheinander die zwei braunen Streifen. Die Streifenenden schließen bündig mit der Außenkante der Sternspitze ab. Falls es mal nicht gelingt die Streifen sauber in die Spitze zu kleben, kann man überstehende Streifenenden nachträglich abschneiden.

So nun mit den weiteren drei Spitzen vorgehen. Das Kreuz in der Mitte bleibt unberührt.

6 Für das zweite Sternmodul wiederholt man die Schritte 2 bis 5.

Danach fügt man beide Module wie bei dem klassischen Modell zusammen. Die insgesamt acht überstehenden Papierstreifen werden durch die Sternspitzen gezogen (jeweils vier auf Vorder- und Rückseite) und von innen mit den Sternspitzen verklebt.

Zum Schluss noch die überstehenden Streifenenden mit einer Schere abschneiden.

Elegante Sternblume

in Blau und Silber

MOTIVDURCHMESSER
ø 24 cm

MATERIAL

- Graupappe 250 g/m^2 mit silbernen Sternchen, A4
- Metallic-Karton 200 g/m^2 in Dunkelblau, 23 cm x 33 cm
- Polyester-Band in Silber, ø 1 mm, 60 cm
- Alleskleber
- Schere
- Lineal
- Cutter und Schneideunterlage
- Bleistift
- Streifen:
  2x 29,7 cm x 1,5 cm, Graupappe
  4x 29,7 cm x 2 cm, Graupappe
  8x 23 cm x 2 cm, Metallic-Karton

1 Dieses Modell besteht aus zwei unterschiedlichen Sternmodulen, aus einem großen und einem kleinen Modul. Das große Modul besteht aus 8 Metallic-Karton-Streifen á 23 cm x 2 cm und das kleine aus den übrigen 6 Graupappe-Streifen, 4x 29,7 cm x 2 cm und 2x 29,7 cm x 1,5 cm.

2 Die 4 Graupappe-Papierstreifen á 29,7 cm x 2 cm werden im Gegensatz zu dem klassischen Modell direkt miteinander verwebt und verklebt. Die Seiten des Kreuzes sollten alle die gleiche Länge aufweisen. Gelingt das mal nicht, kann man sie nach dem Trocknen des Klebers auf gleiche Länge zurechtschneiden.

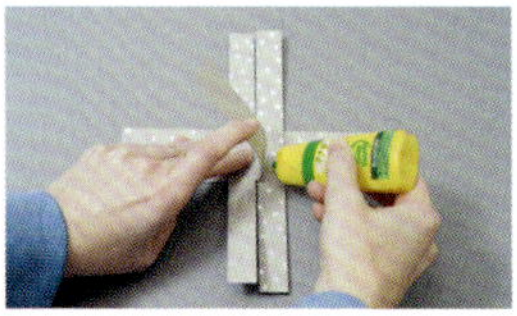

3 Danach klebt man wie bei dem klassischen Modell die vier Sternspitzen zusammen. Während die Sternspitzen trocknen, klebt man mit den 2 Streifen á 29,7 cm x 1,5 cm ein weiteres Kreuz zusammen. Wenn alles getrocknet ist, klebt man das Kreuz in das erste Sternmodul an die Sternspitzen fest.

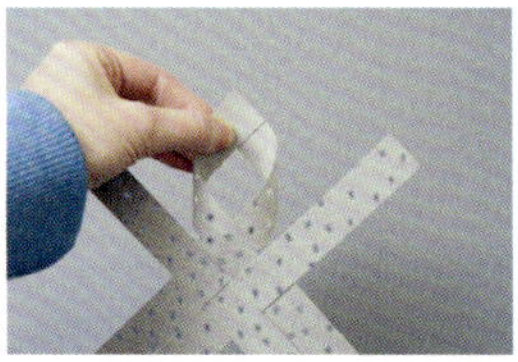

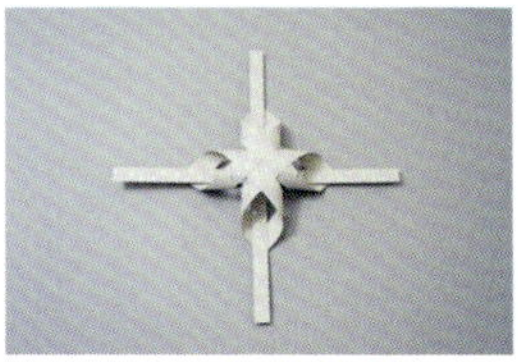

4 Wie im zweiten Schritt beschrieben, bastelt man nun mit den 8 blauen Papierstreifen (29,7 cm x 2 cm) zwei Kreuze. Bei einem Kreuz klebt man bereits die Sternspitzen zusammen. Nun legt man das Kreuz in das blaue Stern-Modul, sodass es durch alle vier Sternspitzen geht.

Danach klebt man nun nach und nach die nächsten Sternspitzen zusammen, diese verbinden die ersten vier Sternspitzen miteinander. Alle 8 Sternspitzen müssen sich nach oben wölben.

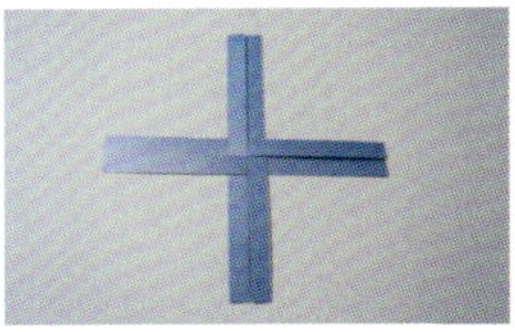

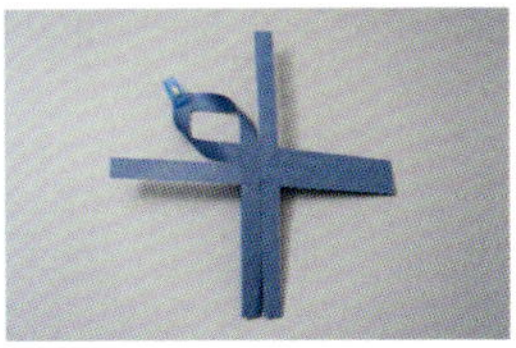

5 Nach dem Trocknen des Klebers legt man das erste graue Stern-Modul in das blaue Stern-Modul, das Kreuz mit den schmalen Papierstreifen wird durch die blauen Sternspitzen gezogen.

Zum Einkleben der Papierstreifen dreht man den Stern um. Nun wie bei dem klassischen Modell die Streifen an die Sternspitzen ankleben.
Zum Schluss noch die überstehenden Streifenenden mit einer Schere abschneiden.

Rote Sternblume

Raffiniert gewebt

MOTIVDURCHMESSER
ø 22 cm

MATERIAL

- Glitter-Karton 180 g/m² in Rot, A4
- Papier 80 g/m² in Rot, A4, (zum Kaschieren)
- Metallic-Karton 200 g/m² in Rot, 23 x 33 cm
- Baumwollband in Dunkelrot, ø 1 mm, 60 cm
- Sprühkleber
- Alleskleber
- Schere
- Lineal
- Cutter und Schneideunterlage
- Bleistift
- Streifen:
  10x 15 cm x 1 cm, Glitterkarton
  10x 23 cm x 1 cm, Metallic-Karton

1 Als erstes kaschiert man den Glitter-Karton mit Hilfe des Sprühklebers mit dem 80 g/m² roten Papier. Danach schneidet man sich, wie in der Grundanleitung beschrieben, jeweils 10 Papierstreifen á 15 cm x 1 cm aus dem Glitter-Karton und 10 Streifen á 23 cm x 1 cm aus dem Metallic-Karton zu.

2 Anschließend klebt man sich aus den Metallic-Karton ein rechtwinkliges Kreuz, der waagerechte Streifen wird auf den senkrechten geklebt. Neben dem senkrechten Streifen klebt man rechts und links von diesem jeweils einen Glitter-Streifen. Darauf folgt rechts und links jeweils ein Metallic-Streifen. Durch die senkrechten Streifen verwebt man dann in derselben Reihenfolge die waagerechten Streifen und verklebt die letzten Streifen miteinander.

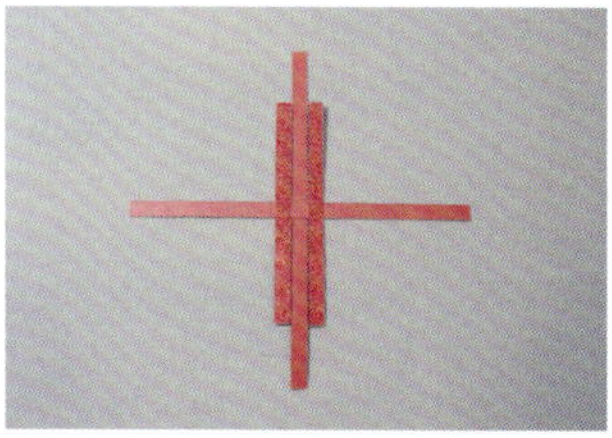

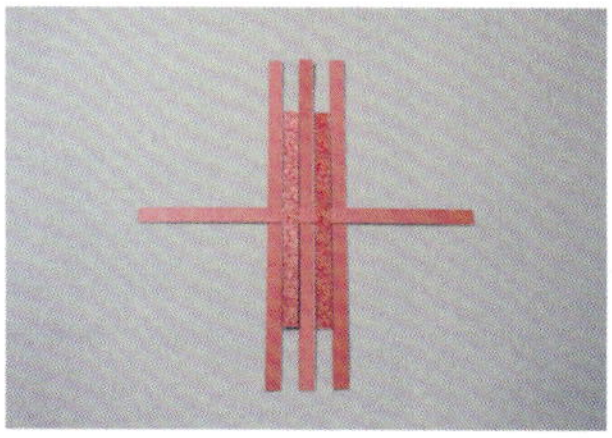

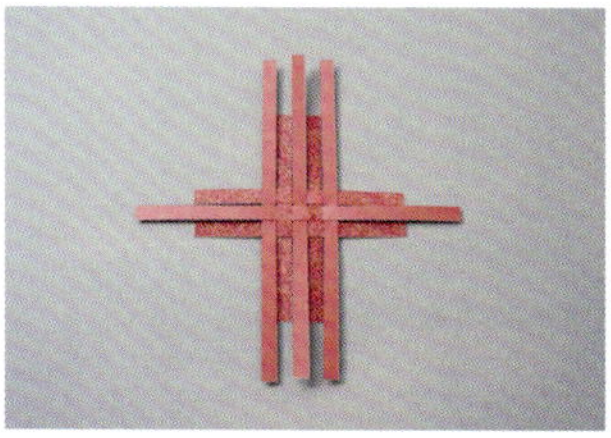

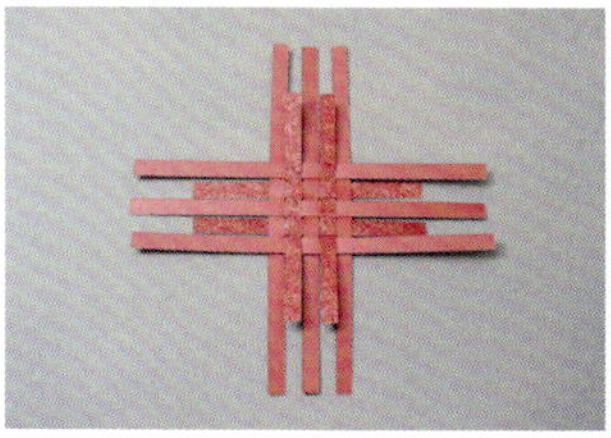

3 Wenn der Kleber getrocknet ist, dreht man die Flechtung um und beginnt damit, die kurzen Streifen zu einer Spitze zusammenzukleben, der Glitter muss wieder sichtbar werden.

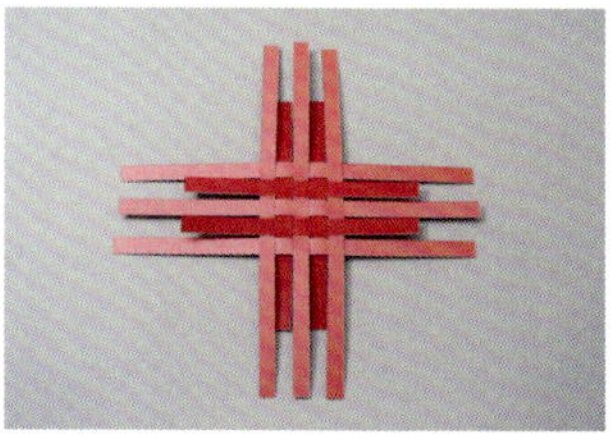

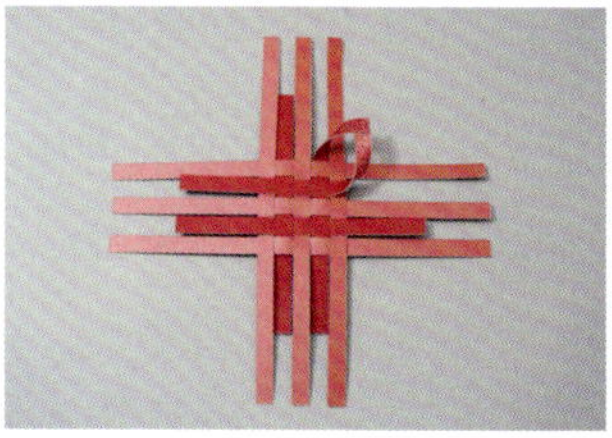

Danach klebt man die äußeren langen Streifen zu einer Spitze zusammen, sodass die Spitze nach oben zeigt.

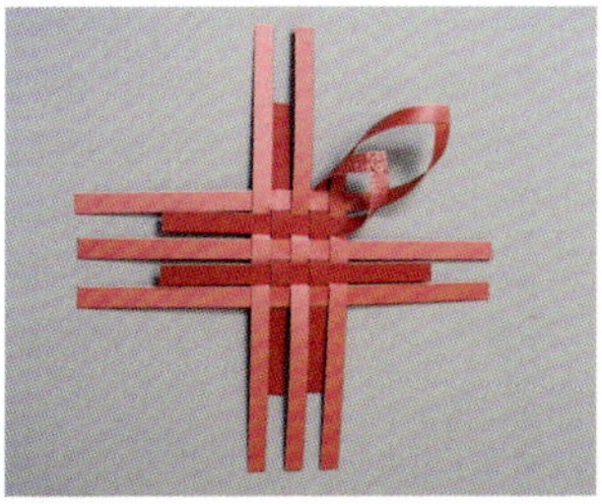

4 Für das zweite Modul wiederholt man die Schritte 2–3, allerdings werden die großen Sternspitzen bei diesem Modul nach innen gerichtet geklebt.

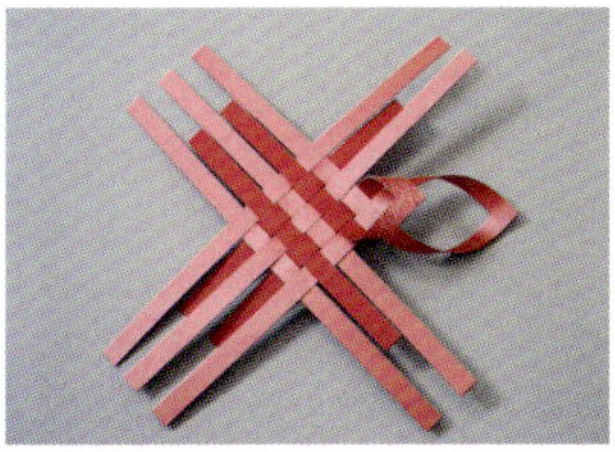

Wenn der Kleber getrocknet ist, fügt man beide Module zusammen, aber im Gegensatz zu dem klassischen Stern werden diese zwei Module einfach nur übereinandergelegt, sodass die Glitter-Spitzen vorne sind und sich die Glitter-Flechtung auf der Rückseite befindet. Die Verbindungskreuze werden wie bei dem klassischen Modell durch die Sternspitzen gezogen und mit diesen verklebt.

Lagen-Stern

weihnachtliches Vintage

MOTIVDURCHMESSER
ø 29 cm

MATERIAL18

- 2x Scrapbooking-Paper 190 g/m² in Vintage, 30,5 cm x 30,5 cm
- 2x Kraftkarton 250 g/m² in Natura, A4
- Fotokarton 300 g/m² in Vintage, A4
- Kraftpapier 100 g/m², A4 (zum Kaschieren)
- Natur-Band, ø 0,8 mm, 80 cm
- Sprühkleber
- Alleskleber
- Schere
- Lineal
- Cutter und Schneideunterlage
- Bleistift
- Streifen:
  12x 30,5 cm x 2,5 cm, Scrapbooking-Paper
  24x 21 cm x 1,5 cm, Kraftkarton in Natura
  24x 10,5 cm x 0,5 cm, Kraftkarton in Vintage

Mein Tipp für Sie

Der Mini-Stern macht sich auch gut als Weihnachtsbaumschmuck.

1 Bevor man sich die Streifen zurechtschneidet, kaschiert man mit Hilfe des Sprühklebers die zwei Vintage Scrapbooking-Papiere miteinander sowie den Vintage-Fotokarton mit dem 100 g/m² Kraftpapier. Danach schneidet man sich 12 Streifen á 30,5 cm x 2,5 cm aus dem Scrapbooking-Karton, 24 Streifen á 21 cm x 1,5 cm aus dem Kraftkarton und 24 Streifen á 10,5 cm x 0,5 cm aus dem kaschierten Vintage-Karton zu. Aus diesen insgesamt 60 Streifen bastelt man nun 5 klassische Stern-Modelle.

2 Die Grundlage des Lagen-Sterns ist ein großer Stern aus 12 Papierstreifen á 30,5 cm x 2,5 cm. Die zwei mittleren Sterne bestehen jeweils aus 12 Papierstreifen á 21 cm x 1,5 cm. Die zwei kleinen Sterne bestehen jeweils aus 12 Papierstreifen á 10,5 cm x 0,5 cm.

3 Damit die Sterne immer eine anders farbige „Umrandung“ an den Sternspitzen haben, darf man nicht wie bei dem klassischen Modell im Kreuz die Farben abwechseln, sondern immer nur mit einer Farbe bzw. einem Muster arbeiten.

Rückseite

Vorderseite

4 Wenn man alle 5 Sterne fertig hat, klebt man sie nach und nach übereinander.

Auf den großen Stern kommt der mittlere,

und auf diesen der kleine.

Wenn der Kleber gut getrocknet ist, wiederholt man dies auf der Rückseite.

Spitze Stufen-Flechtung

in Eisfarben

MOTIVDURCHMESSER
ø 19 cm

MATERIAL

- Pearl-Karton 220 g/m² in Hellblau, A4
- Pearl-Karton 220 g/m² in Weiß, A4
- Band in Weiß irisierend, ø 1 mm, 40 cm
- Alleskleber
- Schere
- Lineal
- Cutter und Schneideunterlage
- Bleistift
- Streifen:
  10x 25 cm x 0,5 cm in Hellblau
  10x 25 cm x 0,5 cm in Weiß

1 Wie in der Grundanleitung beschrieben, schneidet man sich von jedem Farbton jeweils 10 Papierstreifen á 25 cm x 0,5 cm zu. Aus diesen 20 Streifen bastelt man nun zwei Sternmodule. Jedes Modul besteht aus jeweils 5 Papierstreifen in Blau und Weiß.

2 Folgend aus einem weißen und blauen Papierstreifen ein rechtwinkliges Kreuz legen. Auf den weißen waagerechten Streifen wird senkrecht und mittig ein blauer Papierstreifen geklebt.

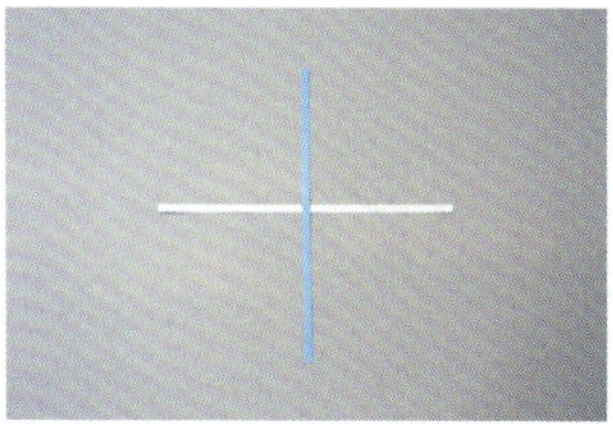

3 Danach links von dem senkrechten Streifen einen weiteren blauen senkrechten Streifen auf den waagerechten kleben.

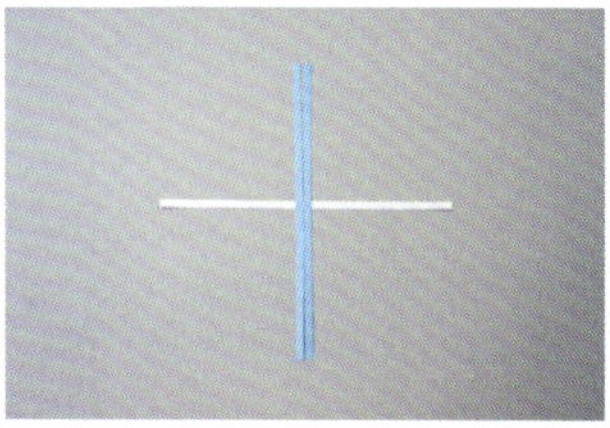

Rechts werden zwei weitere senkrechte blaue Streifen geklebt, allerdings hinter dem weißen waagerechten Streifen.

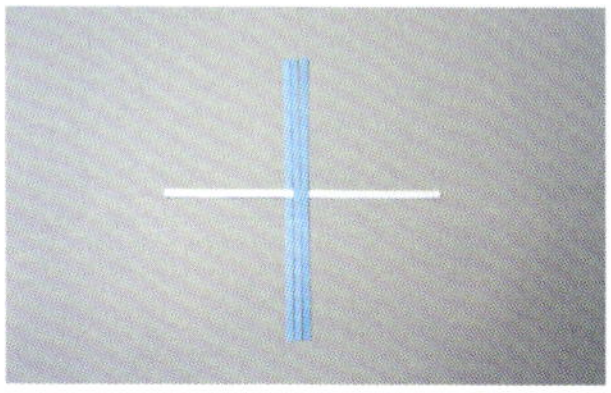

Danach klebt man auch noch links einen senkrechten Streifen hinter dem waagerechten weißen. So sollten nun zwei Streifen auf dem waagerechten und drei hinter diesem liegen.

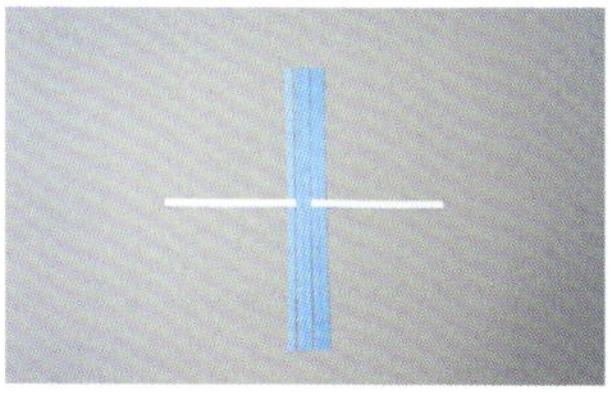

4 Nun verwebt man die restlichen weißen waagerechten Streifen. Zwei Streifen oberhalb des ersten waagerechten und zwei unterhalb, sodass ein Stufenmuster entsteht.

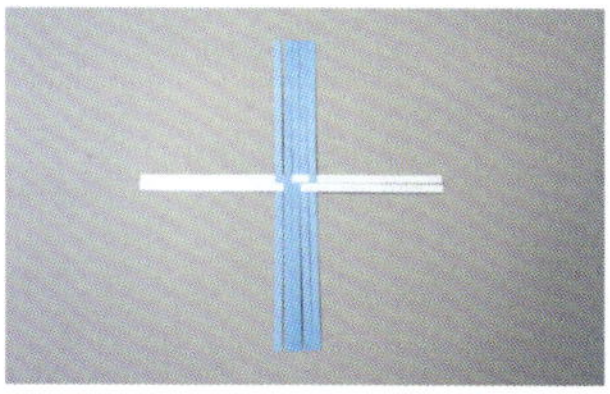

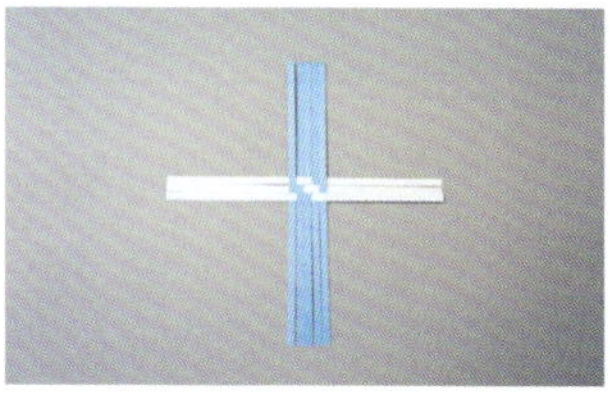

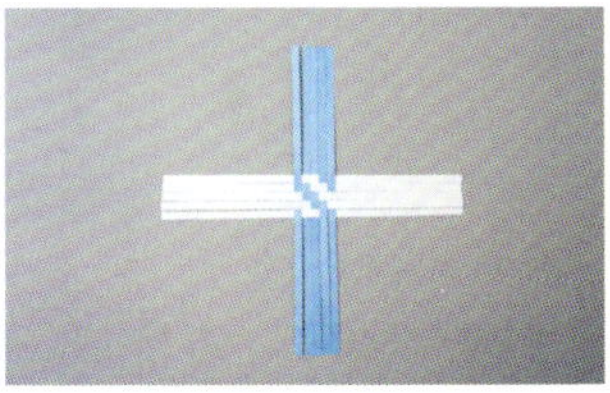

4 Wenn der Kleber getrocknet ist, klebt man nach und nach vier Sternspitzen zusammen.

Man nimmt die linken waagerechten und linken senkrechten Streifenenden und wölbt sie nach hinten, sodass am oberen Teil der Spitze die Rückseite der Papierstreifen sichtbar werden. Die Enden werden in einem spitzen Winkel verklebt und mit einer Klammer zum Trocknen versehen.

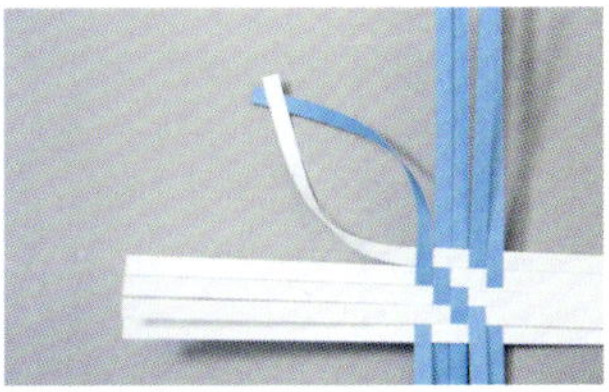

Wenn der Kleber trocken ist, klebt man den nächsten senkrechten Streifen bündig und dicht anliegend in die Sternspitze. Dasselbe macht man auch mit dem waagerechten Streifen. Dies wiederholt man mit allen vier Spitzen.

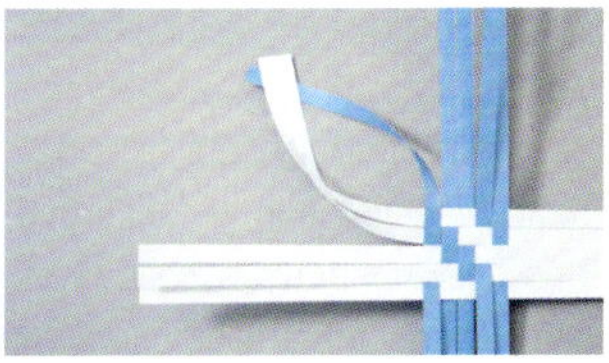

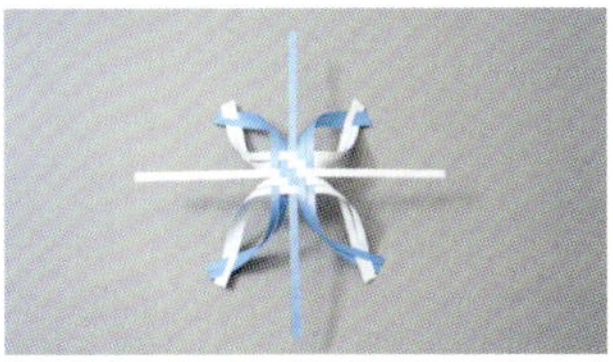

5 Für das zweite Sternmodul wiederholt man die Schritte 2 bis 5. Danach schneidet man die überstehenden Enden der Spitzen ab und fügt beide Module so wie bei dem klassischen Modell zusammen, verklebt die Papierstreifen mit den Sternspitzen und schneidet nach dem Trocknen des Klebers die überstehenden Enden ab.

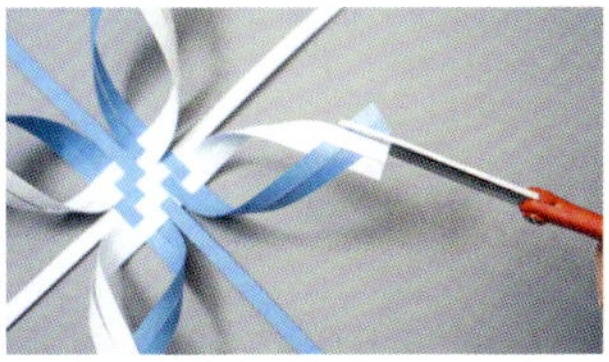

Diagonale Flechtung

Edel in Gold-Schwarz

MOTIVDURCHMESSER
ø 29 cm

MATERIAL
- Metallic-Karton 250 g/m², 2-seitig schwarz/gold gebürstet, 30,5 cm x 30,5 cm
- Baumwollband in Schwarz, ø 1 mm, 40 cm
- Alleskleber
- Schere
- Lineal
- Cutter und Schneideunterlage
- Bleistift
- Streifen: 18x 30,5 cm x 1 cm

1 Wie in der Grundanleitung beschrieben, schneidet man 18 Papierstreifen á 30,5 cm x 1 cm aus dem Metallic-Karton zu. Aus diesen insgesamt 18 Streifen bastelt man nun zwei Sternmodule. Jedes Modul besteht aus 9 Papierstreifen.

2 Anders als bei dem klassischen Modell legt man nicht ein rechtwinkliges Kreuz, sondern ein diagonales Kreuz. Für das erste Modell verwendet man nur die schwarze Seite des Kartons.

3 Danach klebt man mittig einen senkrechten Papierstreifen.

Darauf folgen in einem Abstand von ca. 1 cm unter- und oberhalb des diagonalen Streifens, der von links unten nach rechts oben geht, zwei weitere Streifen. Der untere diagonale Streifen geht über den senkrechten und unterhalb des diagonalen Streifens, der von rechts nach links geht. Der obere diagonale Streifen geht ebenfalls über den senkrechten und unterhalb des diagonalen.

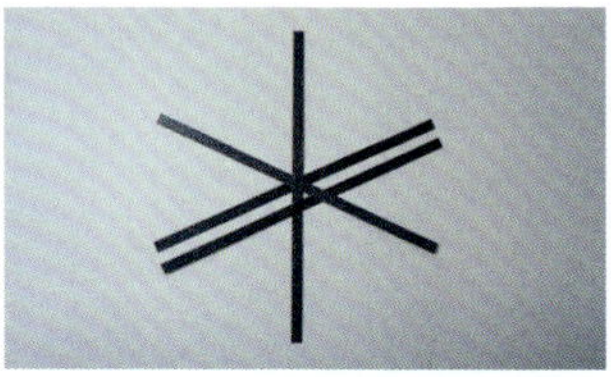

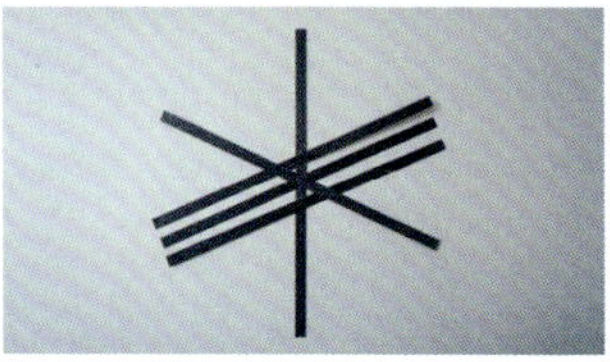

4 Nun verwebt und klebt man die zwei diagonalen Streifen von rechts nach links. Der obere Streifen geht unterhalb, oberhalb und wieder unterhalb der drei bereits verwebten diagonalen Streifen her. Der letzte diagonale Streifen wird genauso verwebt.

5 Nach dem Trocknen des Klebers werden die letzten zwei senkrechten Streifen verarbeitet. Der rechte senkrechte Streifen geht über die diagonalen Streifen, dann unter, wieder über und noch einmal unter die diagonalen

Streifen. Dies wiederholt man mit dem linken senkrechten Streifen.

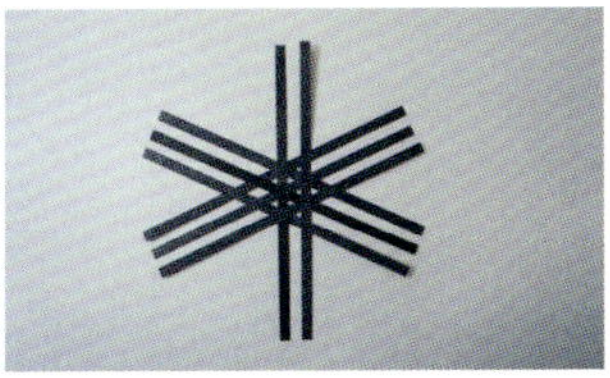

6 Wie bei dem klassischen Modell klebt man die Sternspitzen zusammen, allerdings entstehen bei diesem Modell pro Modul 6 Sternspitzen und 6 Papierstreifen bleiben offen zum Festkleben.

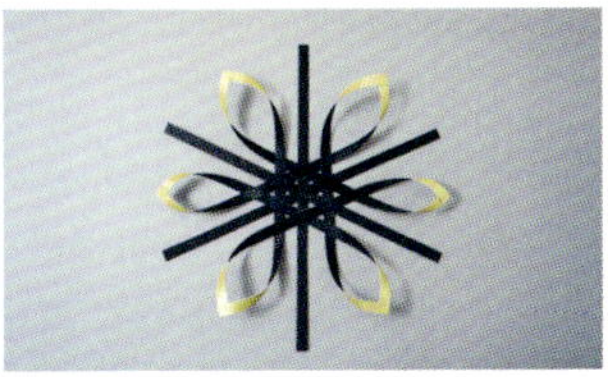

7 Für das zweite Sternmodul wiederholt man die Schritte 2 bis 6 mit der goldenen Papierseite.

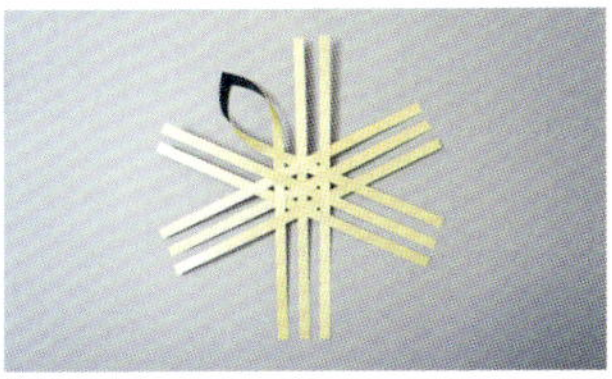

8 Danach fügt man beide Module so wie bei dem klassischen Modell zusammen, verklebt die Papierstreifen mit den Sternspitzen und schneidet nach dem Trocknen des Klebers die überstehenden Enden ab.

Vorderseite

Rückseite

Eisblauer Stern

Drei Papierstreifen-Breiten

MOTIVDURCHMESSER
ø 20 cm

MATERIAL

- Scrapbook-Paper 180 g/m² in Hellblau mit Punkten, 30,5 cm x 30,5 cm
- Glitter-Karton 180 g/m² in Blau, A4
- Metallic-Karton 300 g/m² in Silber, A4
- Band in Weiß irisierend, ø 1 mm, 40 cm
- Sprühkleber
- Alleskleber
- Schere
- Lineal
- Cutter und Schneideunterlage
- Bleistift
- Streifen:
  4x 22 cm x 1,5 cm, Scrapbooking-Paper
  8x 22 cm x 1 cm, Metallic-Karton
  8x 22 cm x 0,5 cm, Glitter-Karton

1 Als erstes halbiert man den Glitter-Karton und kaschiert beide Hälften mit Hilfe des Sprühklebers.

Wie in der Grundanleitung beschrieben, schneidet man 4 Papierstreifen á 22 cm x 1,5 cm aus dem Scrapbooking-Paper, 8 Streifen á 22 cm x 1 cm aus dem Metallic-Karton und 8 Streifen á 22 cm x 0,5 cm zu. Aus diesen insgesamt 20 Streifen bastelt man zwei Sternmodule.

2 Nun mit zwei Scrapbooking-Papierstreifen ein rechtwinkliges Kreuz legen. Den senkrechten Streifen auf die Mitte des waagerechten kleben.

3 Nun klebt man über und unter dem waagerechten Papierstreifen in einem Abstand von 0,5 cm jeweils einen blauen Glitter-Streifen.

Die zwei senkrechten Glitter-Streifen werden hinter den waagerechten Streifen geklebt.

4 Die silbernen senkrechten Streifen webt man unter den Glitter-Streifen durch und über die Scrapbooking-Streifen, genauso verwebt man auch die waagerechten Streifen.

5 Nach dem Trocknen des Klebers klebt man nach und nach die Sternspitzen zusammen.

Man beginnt mit den linken waagerechten und senkrechten Streifenenden. Die Streifen werden wie in der Grundanleitung des klassisches Modells zusammengeklebt.

Nun kann man sich zur Hilfe im Inneren der Sternspitze, rechts und links ca. 2 cm von der Spitze ausgehend, eine kleine Markierung zeichnen. Auf diese Markierung klebt man nun nacheinander die letzten zwei Glitter-Streifen. Die Streifenenden schließen bündig mit der Außenkante der Sternspitze ab. Falls es mal nicht gelingt die Streifen sauber in die Spitze zu kleben, kann man überstehende Streifenenden nachträglich abschneiden.

So nun mit den weiteren drei Spitzen vorgehen. Das Kreuz aus den breiten Papierstreifen bleibt unberührt.

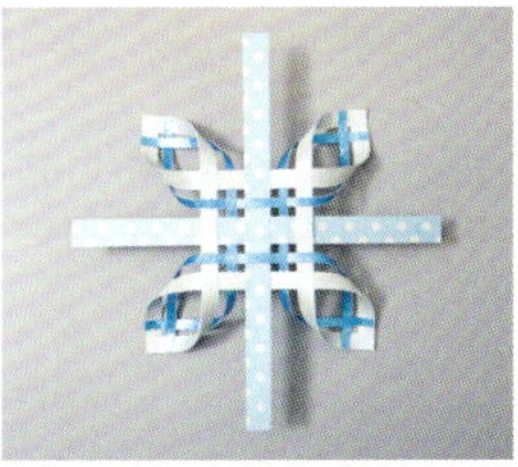

6 Für das zweite Sternmodul wiederholt man die Schritte 2 bis 5. Danach fügt man beide Module so wie bei dem klassischen Modell zusammen, verklebt die Papierstreifen mit den Sternspitzen und schneidet nach dem Trocknen des Klebers die überstehenden Enden ab.

Doppelter Stern

Festliche Eleganz in Braun und Petrol

MOTIVDURCHMESSER
ø 30 cm

MATERIAL

- Struktur-Karton 220 g/m² in Petrol, 23 cm x 33 cm
- Struktur-Karton 220 g/m² in Braun, 23 cm x 33 cm
- Kordel in Braun, ø 1 mm, 60 cm
- Sprühkleber
- Alleskleber
- Schere
- Lineal
- Cutter und Schneideunterlage
- Bleistift
- Streifen:
  10x 33 cm x 1 cm, Struktur-Karton in Petrol
  10x 33 cm x 1 cm, Struktur-Karton in Braun

1 Als erstes halbiert man die beiden Struktur-Kartons und kaschiert mit Hilfe des Sprühklebers die jeweiligen Farbhälften miteinander. Danach schneidet man sich, wie in der Grundanleitung beschrieben, jeweils 10 Papierstreifen á 33 cm x 1 cm aus beiden Kartons zu. Aus diesen insgesamt 20 Streifen bastelt man zwei Sternmodule.

2 Nun mit zwei petrolfarbenden Papierstreifen ein rechtwinkliges Kreuz legen (ggf. Kreuz-Vorlage anfertigen, siehe Grundanleitung). Den waagerechten Streifen auf die Mitte des senkrechten kleben.

3 Danach rechts und links von dem senkrechten Streifen jeweils einen braunen Papierstreifen in einem Abstand von ca. 0,5 cm kleben.

Darauf folgen rechts und links jeweils ein petrolfarbener Streifen, diese werden allerdings auf der Rückseite des waagerechten Streifens geklebt.

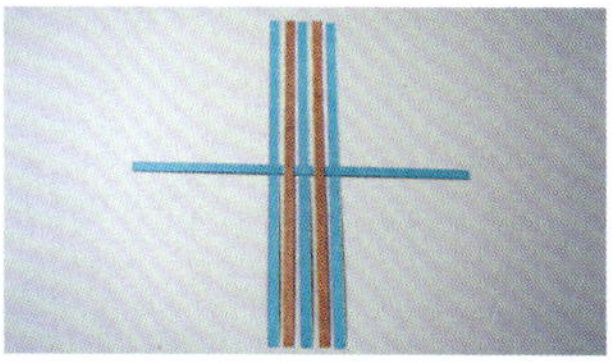

4 Die waagerechten Papierstreifen werden dann auch in einem Abstand von ca. 0,5 cm durch die senkrechten Streifen gewebt und festgeklebt. Man beginnt mit den beiden oberen und unteren braunen Streifen, diese gehen unter den petrolfarbenen Streifen durch.

Danach folgen die petrolfarbenen waagerechten Streifen, diese gehen unter den braunen Streifen durch.

5 Wenn der Kleber getrocknet ist, klebt man die Sternspitzen zusammen. Bei diesem Sternmodell beginnt man mit den innenliegenden Streifen, hier den braunen Streifen.

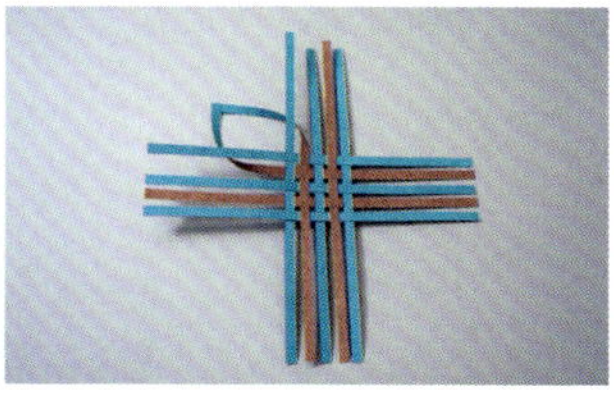

Danach nimmt man die petrolfarbenen äußeren Streifen, klebt sie rechtwinkelig übereinander und lässt dabei ca. 2 cm überstehen.

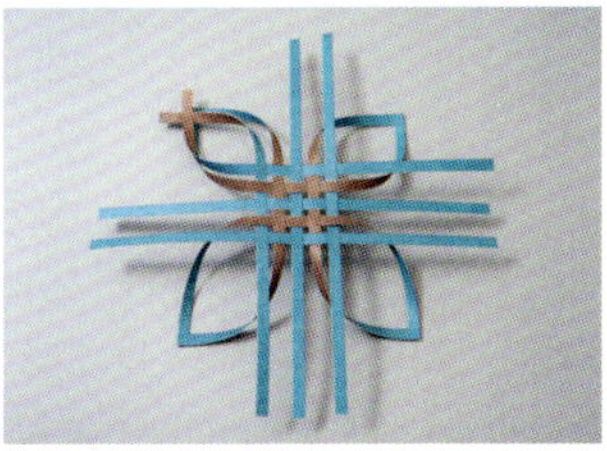

Wenn alle 8 Sternspitzen geklebt und getrocknet sind, schneidet man bei den obersten Sternspitzen die überstehenden Streifenenden ab.

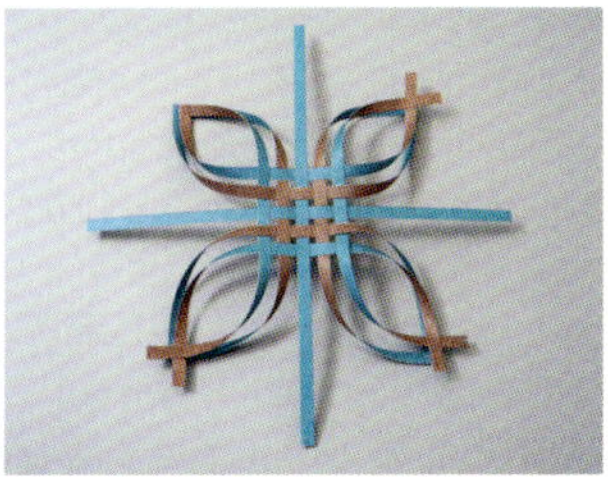

6 Für das zweite Sternmodul wiederholt man die Schritte 2 bis 5, allerdings beginnt man mit einem braunen Kreuz.

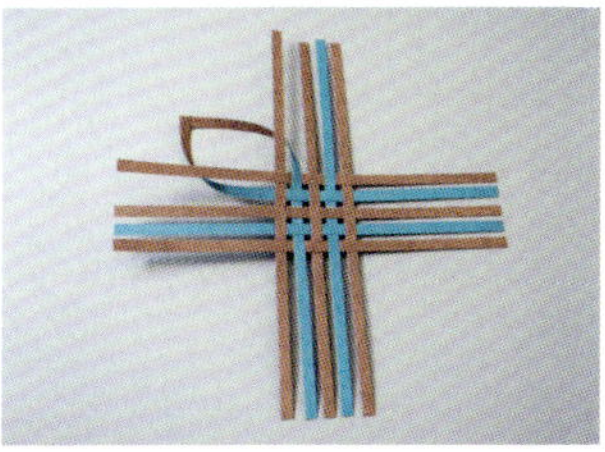

7 Danach fügt man beide Module so wie bei dem klassischen Modell zusammen, verklebt die Papierstreifen mit beiden Sternspitzen und schneidet nach dem Trocknen des Klebers die überstehenden Enden ab.

Weihnachtsbaumschmuck-Set

in Holzoptik

MOTIVDURCHMESSER
je ø 11,5 cm

MATERIAL
- Karton in Holzoptik 270 g/m^2, in Hell, A4
- Papier in Holzoptik 120 g/m^2, in Hell, A4
- Karton in Holzoptik 270 g/m^2, in Dunkel, A4
- Papier in Holzoptik 120 g/m^2, in Dunkel, A4
- Karton mit Leinenstruktur 220 g/m^2 in Rot, A4
- Karton mit Leinenstruktur 220 g/m^2 in Grün, A4
- Natur-Band, ø 0,8 mm, 3x 50 cm
- Sprühkleber
- Alleskleber
- Schere
- Lineal
- Cutter und Schneideunterlage
- Bleistift

MODELL 1
- Streifen:
  8x 12 cm x 1 cm, Holzoptik-Karton
  4x 12 cm x 0,5 cm, Leinen-Karton in Grün

MODELL 2
- Streifen:
  4x 12 cm x 1 cm, Holzoptik-Karton
  4x 12 cm x 0,5 cm, Leinen-Karton in Grün
  4x 12 cm x 0,5 cm, Leinen-Karton in Rot

MODELL 3
- Streifen:
  4x 12 cm x 1 cm, Holzoptik-Karton
  8x 12 cm x 0,5 cm, Leinen-Karton in Rot

Modell 1

1 Als erstes kaschiert man den 270 g/m^2 Holzoptik-Karton mit Hilfe des Sprühklebers mit dem 120 g/m^2 Holzoptik-Papier. Den grünen Leinenstruktur-Karton halbiert man und klebt beide Teile zusammen. Aus dem grünen Karton schneidet man sich 4 Streifen á 12 cm x 0,5 cm heraus und aus dem Holzoptik-Karton 8 Streifen á 12 cm x 1 cm. Danach geht man wie bei dem klassischen Stern vor, beginnend mit einem Kreuz aus dem grünen Karton, darauf folgen die breiteren Holzoptik-Streifen.

Modell 2

1 Als erstes kaschiert man den 270 g/m^2 Holzoptik-Karton mit Hilfe des Sprühklebers mit dem 120 g/m^2 Holzoptik-Papier. Den grünen und roten Leinenstruktur-Karton halbiert man und kaschiert ebenfalls beide Teile miteinander. Ist der Kleber getrocknet, schneidet man sich 4 Streifen á 12 cm x 1 cm aus dem Holzoptik-Karton und jeweils 4 Streifen á 12 cm x 0,5 cm aus dem grünen und roten Leinen-Karton. Danach geht man wie bei dem klassischen Stern vor, allerdings lässt man zwischen den dünnen farbigen Streifen und den Holzoptik-Streifen ca. 0,5 cm Abstand. So fertigt man nun zwei Module an.

2 Im Gegensatz zu dem klassischen Modell werden die zwei Module parallel übereinandergelegt und die Enden der Holzoptik-Streifen miteinander verklebt.

3 Wenn die verklebten Enden getrocknet sind, zeichnet man sich mit Hilfe der Spitze des Winkeldreiecks an jedem Ende ein nach innen gerichtetes Dreieck auf und schneidet dieses aus.

Modell 3

1 Als erstes kaschiert man den 270 g/m² Holzoptik-Karton mit Hilfe des Sprühklebers mit dem 120 g/m² Holzoptik-Papier. Den roten Leinenstruktur-Karton halbiert man und klebt beide Teile zusammen. Aus dem roten Karton schneidet man sich 8 Streifen á 12 cm x 0,5 cm heraus und aus dem Holzoptik-Karton 4 Streifen á 12 cm x 0,5 cm. Danach geht man wie bei dem klassischen Stern vor, beginnend mit einem Kreuz aus dem Holzoptik-Karton, darauf folgen die dünnen roten Streifen, aber mit einem Abstand von ca. 0,5 cm. Nun die Sternspitzen zusammenkleben, das zweite Modul basteln und beide zusammenfügen.

Eiskristall

im Metallic-Look

MOTIVDURCHMESSER
ø 20 cm

MATERIAL
- Metallic-Karton 200 g/m^2, mint 23 cm x 33 cm
- Band in Weiß irisierend, ø 1 mm, 40 cm
- Alleskleber
- Schere
- Lineal
- Cutter und Schneideunterlage
- Bleistift
- Streifen: 20x 20 cm x 0,5 cm

1 Aus dem Metallic-Karton schneidet man 20 Papierstreifen zu. Aus diesen 20 Streifen bastelt man nun zwei Sternmodule. Jedes Modul besteht aus 10 Papierstreifen.

2 Mit zwei Papierstreifen ein rechtwinkliges Kreuz legen (ggf. Kreuz-Vorlage anfertigen, siehe Grundanleitung). Den waagerechten Streifen auf die Mitte des senkrechten kleben.

Danach klebt man abwechselnd rechts und links von dem senkrechten Streifen in einem Abstand von ca. 0,5 cm jeweils 2 Streifen.

Nach dem Trocknen des Klebers werden die vier waagerechten Streifen durch die senkrechten Streifen gewebt, auch in einem Abstand von ca. 0,5 cm und auf die senkrechten Streifen geklebt.

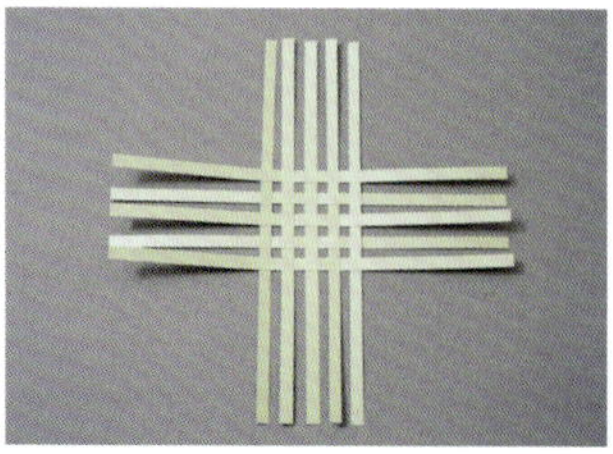

3 Die erste Spitze wird mit ca. 1,5 cm überstehenden Streifenenden aus den ersten beiden Streifen zusammengeklebt.

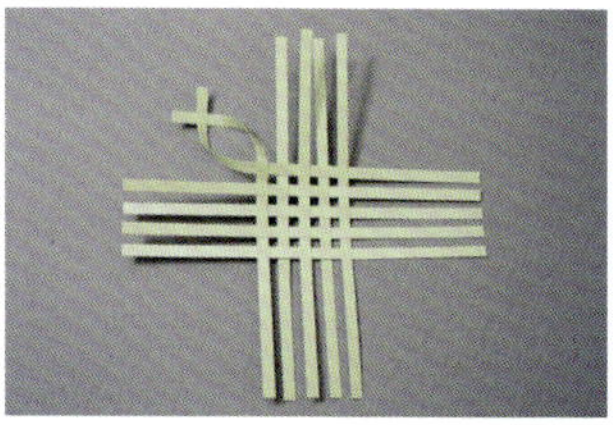

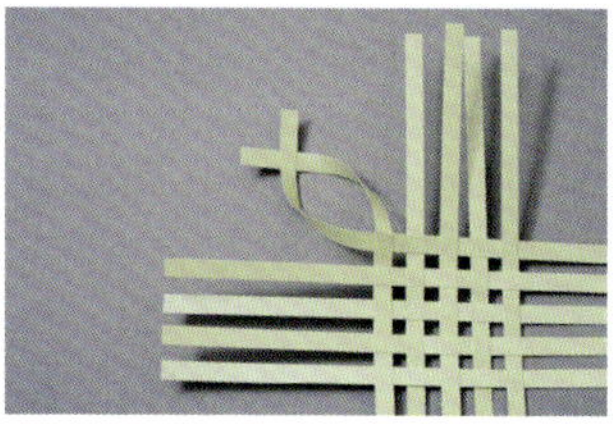

Danach klebt man die nächsten beiden äußeren Streifen in einem Abstand von ca. 0,5 cm zu der ersten Spitze, die Streifenenden der inneren Spitze stehen ca. 1 cm über.

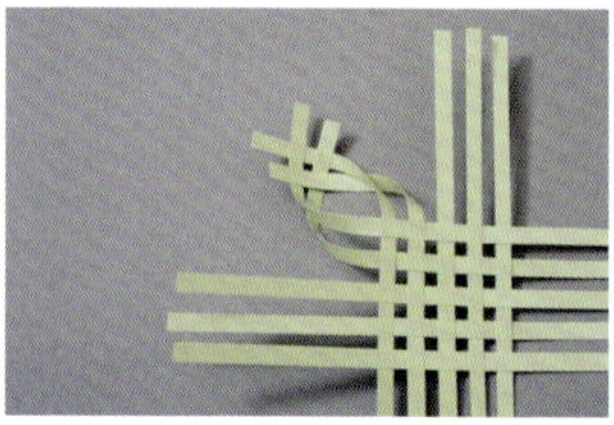

Dies wiederholt man nun bei den nächsten drei Spitzen.

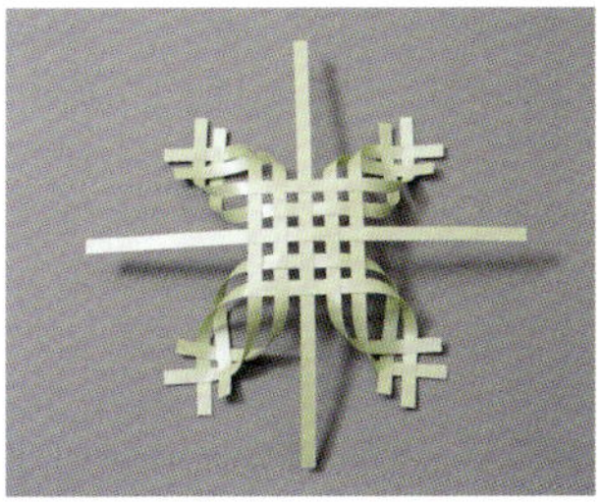

4 Für das zweite Sternmodul wiederholt man die Schritte 2 bis 3. Danach fügt man beide Module so wie bei dem klassischen Modell zusammen und verklebt die Papierstreifen mit den Sternspitzen.

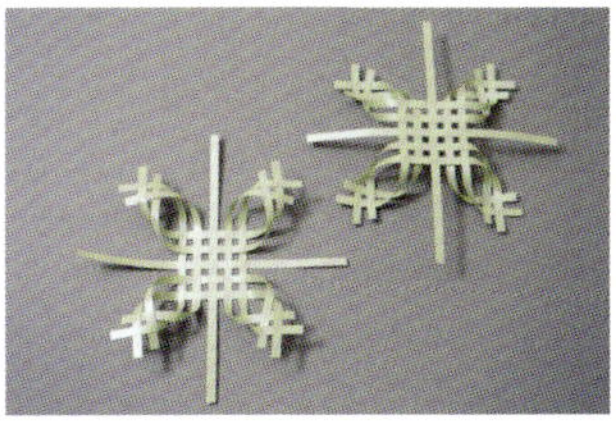

Die Verbindungsstreifen werden bei diesem Modell nicht abgeschnitten.

Variationsstern aus drei Modulen

mit gedrehten Spitzen

MOTIVDURCHMESSER
ø 25 cm

MATERIAL
- Glitter-Karton 180 g/m² in Gold, A4
- Kraftkarton 250 g/m², A4
- Marmor-Karton 250 g/m² in Schwarz, A4
- Natur-Band, ø 0,8 mm, 60 cm
- Sprühkleber
- Alleskleber
- Schere
- Lineal
- Cutter und Schneideunterlage
- Bleistift
- Streifen:
  4x 18 cm x 2 cm, Marmor-Karton
  6x 29,7 cm x 1,5 cm, Glitter-Karton
  4x 29,7 cm x 1,5 cm, Kraftkarton

1 Als erstes halbiert man den Glitter-Karton und kaschiert mit Hilfe des Sprühklebers die jeweiligen Hälften miteinander. Danach schneidet man sich, wie in der Grundanleitung beschrieben, 4 Papierstreifen á 18 cm x 2 cm aus dem Marmor-Karton, 6 Papierstreifen á 29,7 cm x 1,5 cm aus dem Glitter-Karton sowie 4 Streifen á 29,7 cm x 1,5 cm aus den Kraftkarton zu.

Aus diesen insgesamt 14 Streifen bastelt man nun zwei Sternmodule. Das erste Modul besteht aus 4 Glitter-Karton-Streifen sowie den 4 Kraftkarton-Streifen. Das zweite Modul aus 4 Marmor-Karton-Streifen und aus den restlichen 2 Glitter-Karton-Steifen.

2 Vier Glitter-Karton-Streifen werden im Gegensatz zu dem klassischen Modell direkt miteinander verwebt und verklebt. Die Seiten des Kreuzes sollten alle die gleiche Länge aufweisen, gelingt das mal nicht, kann man sie nach dem Trocknen des Klebers auf gleiche Länge zurechtschneiden.

Wenn der Kleber getrocknet ist, werden von dem Kreuz die Streifenenden zu doppelten Sternspitzen zusammengeklebt. Dazu zeichnet man sich an jedem Außenstreifen eine kleine Markierung von ca. 7 cm ausgehend vom Papierstreifenende. Nun gibt man auf einen äußeren senkrechten Papierstreifen auf die Markierung ein wenig Kleber und klebt dort den äußeren waagerechten Papierstreifen im rechten Winkel zusammen. So entstehen zwei Papierstreifenenden, die ca. 6,5 cm überstehen.

Wenn der erste Teil der Sternspitze getrocknet ist, klebt man die überstehenden Enden bündig zusammen. So klebt man nun nach und nach alle Spitzen zusammen.

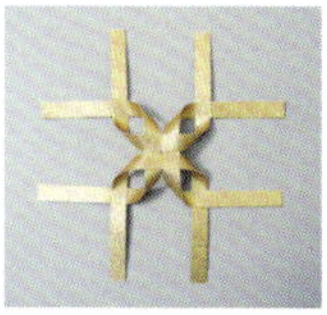

3 Wie bereits bei dem Kreuz aus dem Glitter-Karton klebt man sich ein weiteres Kreuz aus den vier Kraftkarton-Streifen zusammen.

Wenn der Kleber getrocknet ist, zieht man die Streifen des Kreuzes durch die inneren Sternspitzen.

Danach nimmt man zwei äußere Streifen und klebt die Enden zu einer weiteren Spitze zusammen, das wiederholt man nun für allen weiteren 6 Streifen.

Rückseite

4 Als nächstes bastelt man aus den 4 Marmor-Papierstreifen und den 2 Glitter-Karton-Streifen ein weiteres Modul. Dafür klebt man wie bei dem klassischen Modell ein Kreuz aus dem Glitter-Karton zusammen.

Danach verarbeitet man die Marmor-Papierstreifen genau so, wie bei dem klassischen Modell.

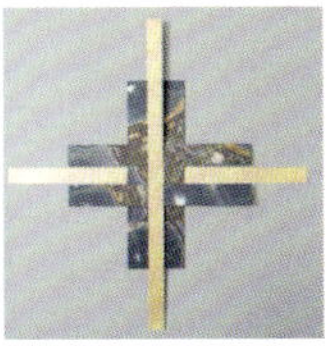

5 Nun fügt man beide Module zusammen, dafür muss das erste Modul so liegen, dass die Sternspitzen des ersten Moduls nach oben zeigen. Das zweite Modul so in das erste legen, dass die Glitter-Streifen durch die Glitter-Sternspitzen gehen. Die Glitter-Streifen mit den Sternspitzen verkleben und nach dem Trocknen des Klebers die überstehenden Enden abschneiden. Zum Schluss noch in eine Kraftkarton-Spitze ein Loch stanzen und das Band für die Aufhängung durchfädeln.

Unterschiedlich große Sternspitzen

mit Marmoreffekt

MOTIVDURCHMESSER
ø 26 cm

MATERIAL

- Metallic-Karton 200 g/m² in Silber, A4
- Marmor-Karton 250 g/m² in Dunkelblau, A4
- Polyester-Band in Silber, ø 1 mm, 60 cm
- Alleskleber
- Schere
- Lineal
- Cutter und Schneideunterlage
- Bleistift
- Streifen:
  2x 29,7 cm x 1,5 cm, Metallic-Karton
  4x 20 cm x 1,5 cm, Metallic-Karton
  4x 29,7 cm x 2,5 cm, Marmor-Karton
  2x 29,7 cm x 1,5 cm, Marmor-Karton

1 Als erstes schneidet man aus dem Marmor-Karton jeweils 4 Papierstreifen á 29,7 cm x 2,5 cm und 2 Streifen á 29,7 cm x 1,5 cm sowie aus dem Metallic-Karton jeweils 2 Streifen á 29,7 cm x 1,5 cm und 4 Streifen á 20 cm x 1,5 cm. Aus diesen insgesamt 12 Streifen bastelt man nun zwei Module.

2 Als nächstes bastelt man das erste Modul aus jeweils zwei 29,7 cm x 1,5 cm und vier 29,7 cm x 2,5 cm Marmor-Karton-Streifen. Dafür geht man wie bei dem klassischen Modell vor und klebt ein Kreuz aus den 1,5 cm breiten Streifen zusammen. Darauf folgen rechts und links von dem senkrechten Streifen die 2,5 cm breiten Streifen sowie über und unter dem waagerechten Streifen. Auch die Sternspitzen werden wie bei dem Klassiker zusammengeklebt.

3 Das silberne Modul wird ebenfalls wie das klassische Modell gebastelt. Dafür klebt man ein Kreuz aus den 29,7 cm langen Streifen zusammen. Danach klebt und verwebt man die 20 cm langen Streifen. Auch die Sternspitzen werden wie bei dem Klassiker zusammengeklebt. Die langen Streifen bleiben frei.

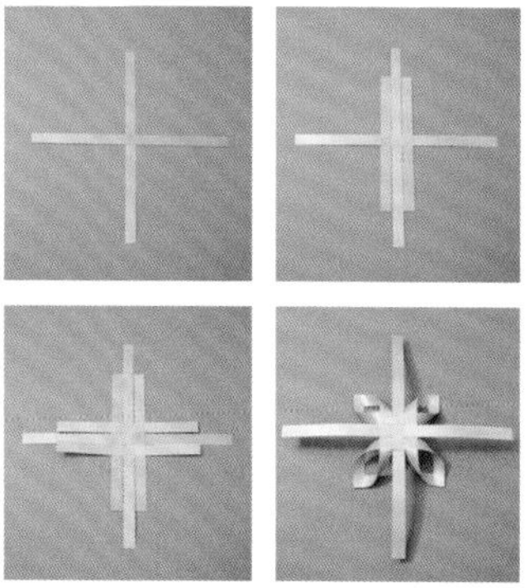

4 Nun fügt man beide Module so wie bei dem klassischen Modell zusammen, verklebt die Streifen mit den Sternspitzen und schneidet nach dem Trocknen des Klebers die überstehenden Enden ab.

Mein Tipp für Sie

Sterne veredeln

Arbeitet man mit schlichteren Papieren, kann man die Sterne zusätzlich noch veredeln.

1 Auf die Sternspitzen und Streifenseiten etwas dicker Kleber auftragen und Glitzer drüberstreuen.

Gut trocknen lassen und an einem sonnigen Platz aufhängen, damit der Glitzer gut zur Geltung kommt.

2 Sehr edel wirken die Sterne, wenn sie z. B. mit goldenem Schlagmetall veredelt werden. Dafür auf die gewünschten Stellen des Sterns Anlegemilch auftragen und nach dem Trocknen dieser, das Schlagmetall auf die Stellen mit einem weichen Pinsel auflegen. Überschüssiges Schlagmetall mit dem Pinsel wegpinseln.

3 Zusätzlich kann man die Sterne mit Quasten, Pompons oder selbstgebastelten Papier-Anhängern verzieren, indem man die Verzierung mit einem Band am unteren Teil des Sterns befestigt.

Louise Lindgrün In ihrem Job als Grafikdesignerin hat sie täglich mit Formen, Farben und Kompositionen zu tun. Nach getaner Arbeit am PC steht die kreative, handwerkliche Arbeit im Fokus. Dabei verarbeitet sie die unterschiedlichsten Materialien, am liebsten aber Papier, Holz und Leder. Mit Hilfe von Druck- oder Foto-Techniken werden die Materialien veredelt und es entstehen neue Dekorationsstücke oder Geschenke für Familie und Freunde. Natürlich darf Farbe dabei nicht zu kurz kommen, es darf aber auch mal nur Ton in Ton sein.

DANK

Ein Dank für das zur Verfügung gestellte Material geht an die Firmen Rico-Design, Rayher und an die Buntpapierfabrik Ludwig Bähr.

IMPRESSUM

FOTOS: frechverlag GmbH, 70839 Gerlingen; lichtpunkt, Michael Ruder, Stuttgart (Modellfotos), Louise Lindgrün (Schrittfotos)
PRODUKTMANAGEMENT: Selina Meier, Eva Schrecklinger
LEKTORAT: Selina Meier
COVERGESTALTUNG: Tatjana Weiß unter Verwendung eines Fotos von lichtpunkt, Michael Ruder, Stuttgart
GESTALTUNG: Fotosatz H. Buck
DRUCK: Tiskárna Grafico s.r.o., Tschechische Republik

MIX
Paper from responsible sources
FSC® C114952

Penguin Random House Verlagsgruppe
FSC® N001967

1. Auflage 2022

ISBN 978-3-7358-5024-9 • Best.-Nr. 25024